W0072472

Heinrich Detering
Old Glory

Heinrich Detering

Old Glory

Gedichte

Wallstein Verlag

That thou in losing me shalt win much glory:
And I by this will be a gainer too

Shakespeare

I

im finstern Tal

Kilchberg

täglich andere Ängste
und immer dieselbe Angst
die erste die letzte die längste:
dass du nicht langst

dass du nie genug bist
dass du nie genügst
dass deine Sicherheit Lug ist
dass du lügst

Angst vor offenen Plätzen
Gier nach dem eigenen Platz
nachts das alte Entsetzen
morgens der nächste Satz

Kerteminde

ein Kabinett voller toter Vögel
nach der Natur *nature morte* gemalt von
Johannes Larsen in Kerteminde
Wasservögel gefiedert kopfunter

(dem Maler war die Gegenwart verdächtig)

farbige Schatten sie fliegen lautlos
im Abendlicht das hereinfällt vom Fjord
in dem sie starben sie fliegen immer
stumm und kopfunter in dieser Kammer

(ein stummer Frühling ein schweigsamer Zug)

dem Maler war die Gegenwart verdächtig
Wasservögel Singvögel scharenweise
schwebende Schatten tanzende Gespenster
im Schattenkabinett in Kerteminde

Linie 82

nächste Woche sind wir nicht mehr da
Montag sind wir schon weg höre ich
eine fröhliche Stimme sagen
Anfang Dezember auf dem Heimweg

als ich T. S. Eliot erblickte
in der 82 stadtauswärts
er sah sehr abgemagert aus und
als sei ihm Alkohol nicht mehr fremd

aber noch immer die Würde selbst
feingemacht wie zu einer Feier
nächste Woche sind wir schon weg sagt
die Stimme da sind wir nicht mehr da

ja er sah aus als wäre er dankbar
für einen weiteren Tod

Keplers Grab

»Über dem schweigenden Erdkreis wölbt sich glitzernd
                                                    die Nacht
gläsernes Singen ertönt, Gestirnen nur hörbar, im Raum
unter der steinernen Brücke
rauscht der Strom –«

Himmelsweiten ermaß er
einst, nun misst ihn die Grube

rings um den Erdball die Schwärze gesprenkelt
                                    mit flüchtigem Licht
immerfort unmerklich dreht der Planet sich
                                    ins Dunkle zurück
unter den Sternen die Stille
der Grube, des Steins

Graceland

Elvis lag auf den Knien als er starb
im Gnadenland die Zunge zerbissen
im Badezimmer halbnackt vorm WC
zu lange schlaflos von den Tabletten

seine Geliebte nebenan schlief schon
erschöpft zu lange schlaflos sie hatte
ihn nicht mehr gehört als er fiel als er
die Zunge zerbiss auf den Knien lag

im Gnadenland vorm WC als er starb

Silkeborg

da lagen sie gekrümmt und ausgedörrt
gebräunt geschwärzt von Moor und Zeit
ein schweigsamer Zug erstarrt und unter Glas

ein Gipfeltreffen toter Körper aus Europa
in einer dunklen Ewigkeit
die nur das Blitzlicht manchmal unterbrach

das Blitzlicht und natürlich unser Kommen
und Gehen

Limbus

bei Nacht bist du verloren
bei Nacht erlischt der Nimbus
da liegst du still im Limbus
der ungetauften Toren

die Seele geht verwirrt um
kein Hoffen kein Erwarten
ein Vogel schreit im Garten
ein unerhörter Irrtum

im Griff der Dementoren
als ob sie dich verscharrten
kein Hoffen und kein Warten
bei Nacht gehst du verloren

Allerseelen

die Augen werden trüber
die Felder liegen brach
die Alten gehn vorüber
die Neuen kommen nach

noch lässt du dich gern täuschen
von dem was pocht und trotzt
doch nach diversen Räuschen
hat es sich ausgekotzt

mit Grinsen oder Grollen
und in selbsteigner Pein
hörst du schon auf zu wollen
und ahnst schon Asch und Bein

die Tage werden kälter
die Sicht ist wieder frei
die Alten werden älter
und sind demnächst vorbei

wer so stirbt

gut ist dieser Augenblick der Erschöpfung
wenn keine Zeile mehr zu schreiben
kein Blatt mehr zu rechen ist
wenn ich kein Blatt mehr mag

still im halbdunklen Zimmer zu liegen
hinter dem Gazevorhang die helle Welt
und die Schatten der Zweige wie Wegzeichen
die mich in den Schlaf weisen

im Ohr das Rauschen des Kreislaufs
und immer diese halbe Liedzeile
die mitgeht ins Dunkel wenn nichts
mehr zu tun ist –

es ist wohl eine Art Dankbarkeit
ja es ist wohl eine Art Dank

im finstern Tal

weil sie neben mir jetzt gleichmäßig atmet
weil die Kinder schief lächeln im Traum
weil mein Herz wieder so ruhig schlägt
wie der Wecker auf dem Nachttisch
weil der Herr mein Hirte ist auf dieser

grünen Aue
liege ich schlaflos
vor Glück

II

über den Granit

Lemberg

als das Tiefdruckgebiet in der Ukraine
angelangt war hatte es sich besänftigt
zu stummen Wolkenzügen durchbrochen von
Sonnenlichtbündeln

tief unten lag Galizien das ganze
Land so frühsommergrün und so still ohne
Spuren von Nachtregen Hagel und Sturm als
sei nichts geschehen

von Lublin bis hierher bis Czernowitz und
Lemberg als sei alles noch ganz und
voller Erwartung

Jena

vor uns das Heizwerk im lieblichen Tale
hinter uns das hohe Totenfeld
Wanderlandschaft drüben stand sein Zelt
taktischer Ausguck auf Silos und Saale
für den Beherrscher der Welt

sieh hier der Stein dort die Mütter und Väter
Kinder spielen mit dem Stock Florett
Wanderwege bis nach Auerstedt
über die Leiber der Opfer der Täter
in ihrem blühenden Bett

Gras

let me work
Carl Sandburg

dass über dies alles Gras wächst ist furchtbar
dass über dies alles Gras wächst ist gut
dass eine Wiese sich ausdehnt wo Furcht war
dass unterm Rasen das Rasende ruht

dass unterm Rasen der endlose Lauf steht
dass unterm Rasen die Zeit stockt wie Blut
dass sie nicht wiederkehrt dass sie nicht aufsteht:

traue dem Land nicht so kurz vor der Flut

über den Granit

geologisch gesehen ist das Meer unerheblich
geologisch gesehen kommt der Mensch nicht vor
geologisch gesehen ist alles sehr vorübergehend

gekauert auf den Granit nachdenkend über das Meer
sieht Goethe an diesem Dienstag die Welt
und sich selbst mit geologischem Blick

durch den Wollstoff der Beinkleider spürt Goethe
die Körnung des rauhen Konglomeratgesteins das
noch angenehm kühl ist morgens um elf

es ist ein glücklicher Augenblick geologisch gesehen
es ist wirklich ein glücklicher Augenblick

Holozän

eine Ewigkeit ohne die Erde

dann eine endlose Zeit in der es
die Erde gab aber keine Vögel

dann die Äonen in denen es schon
die Vögel gab aber keine Menschen

ein unerhörtes mächtiges Konzert
ganze Erdzeitalter hindurch über

Kontinentalverschiebungen hinweg
dann das ungebetene Publikum

das sie rasch tötet hinnimmt und vergisst

Requiem für eine Seekuh

im Jahr 1741 fand Steller die Stellersche Seekuh (*Hydrodamalis
gigas*)
auf der Bering- und der Kupferinsel sie gehörte
zu den letzten ihrer neuentdeckten Art
ihr riesenhaftes Gerippe zeigte er in Wien

siebzigtausend Jahre lang hatte die Stellersche Seekuh
schweigsam geweidet in Algen und Tang
in Wärmeperioden in Kältephasen im Tauwasser der Eiszeit
im flachen Wasser vor der Halbinsel Kamtschatka

siebzigtausend Jahre lang das sanfteste Tier
acht Meter lang warmpelzig wehrlos
                              als der erste Mensch
sie fand im flachen Wasser vor Kamtschatka dem Weide-
dem Jagdgrund

das sanfteste Tier die leichteste Beute
sie war schmackhaft und zart
wie Menschenfleisch
                    nach siebenundzwanzig Jahren
war die letzte getötet und verzehrt

man kann sie betrachten im Naturkundemuseum in Wien
ohne Pelz ohne Fleisch und noch immer ganz still

Eiswürfel

mit Dr. Enzensberger standen wir
auf der Terrasse der Akademie
und schauten hinunter auf den Platz wo

drei graue Frauen Flaschen sammelten
Flaschen wie die aus denen wir tranken
nur eben leer und aus dem Papierkorb

unten wo man alles zuerst bemerkt
den leichten Stoß das Knirschen in der Wand
Keine der drei schaute zu uns herauf

Ulmen

die Ulmensamen taumeln wie Schmetterlinge
sehr leicht und weit getragen im Abendrot
im Fluidum der milden Lüfte
    ziellos und zeitlos doch immer abwärts

sie schlendern wie Flaneure im Frühlingswind
ihr Morgenschatten folgt ihnen eilend nach
ihr Abendschatten kommt herauf schon
    Psyche im Abwärtsflug ziellos zeitlos

Dryade die den Baum nun verlassen hat
und untergeht in seliger Frühlingsnacht
von neuem Glück erfüllt so tanzt sie
    schmetterlingsleicht in den dunklen Schatten

nach Kapernaum

alle heiliggesprochen nur sie nicht
aber wie war das in der Nachfolge
des Nachfolgers dieses fremden Mannes
mit dem sie niemals jemand sprechen sah?

wo war sie als ihr Mann beim Hahnenschrei
hinausging und bereute? als er dann
ging wohin er niemals gewollt hatte
wohin ging da allein gelassen sie?

da vielleicht geschah es dass sie ihren
Namen vergaß den niemals genannten
wie alle anderen ja wie alle

einmal die Mutter vom Fieber geheilt
davon zehrte sie das war alles
bis sie dann irgendwann einfach verschwand

Vorabend

rasch von links nach rechts
stäubt der Schnee von der Buche:
das Eichhörnchen läuft

III

Buffalo Bill verlässt Weimar

Glenn Beck verlässt Amerika

Glenn Beck verlässt Fox News!
er geht im Guten hört man das ist beruhigend
auch wenn niemand weiß wo er hingeht in dieser Nacht

He's gone to downtown Denver just to satisfy the dead

Glenn Beck hat vor Hass geweint
in Fox News dafür lieben sie ihn
aber davon verschwindet der Schmerz nicht

jede Nacht träumt er vom Bürgerkrieg
dem alten dem kommenden und dem letzten
und nicht einmal Fox News folgt ihm

He's gone to downtown Denver dead man's blues
inside his head

Glenn Beck verlässt Amerika sagt jemand
auf der Straße vor dem State Capitol in Denver
Glenn Beck verlässt Amerika das ist lustig

   neben dem Denkmal der Ermordeten
   steht das Denkmal der Mörder
   edle Weiße edle Wilde
   der eine zähmt sein Tier noch, den andern
   trägt das seine ruhig davon

aber wer soll Glenn Beck erlösen heiliger Joseph Smith
wohin soll er gehen der wilde Mann
jetzt da er Fox News verlässt?

Fox News

ihr plappernden Gesichter
das Medium verzehrt euch
ihr Fan- und Frontberichter
seid fruchtbar (und vermehrt euch)

ihr Super-Cargo-Lifter
in glitzernd kalter Pracht
ihr Sinn- ihr Brand- ihr Stifter
von Nacht zu dunkler Nacht:

ihr werdet täglich schneller
ihr löst euch stündlich ab
der Bildschirm wird schon heller
bis an das kühle Grab

Schneekönig

endlich war der zwanzigste Januar gekommen
um Mitternacht als ich es bemerkte beim Blick auf
die Armbanduhr dachte ich flüchtig und
unklar an Eichs Vers *Unseren Freunden*

misslingt die Welt ach was lang her kalte Kriege
waren in diesem Januar Geschichte und mein Sohn der
bald fünfzehn sein würde freute sich auf die Amts-
einführung vorm Fernseher wie ein Schneekönig

damals an der Siegessäule im Sommer
er und ich zusammen: Obama sehen für ihn
war es das Ereignis des Jahres also freuten
wir Könige uns jetzt im Schnee zu zweit

Sky Walk

der Fluss ist das was weggeht und bleibt
jeden Lichtstrahl gibt der Fluss zurück

unter dem Nachthimmel der Sky Train
unter dem Sky Train die Straße
Morgenstern Abendstern Sonne Mond
Lastwagen- Eisenbahn- Bootslichter:
Morgenstern Abendstern Sonne Mond
über der Straße der Sky Train
über dem Sky Train der Nachthimmel

jeden Lichtstrahl gibt der Fluss zurück
der Fluss ist das was weggeht und bleibt

Anrufung der Sängerin Dolly Parton

sieh uns am Ende unsrer Fahrten
yes even cowboys get the blues
weil niemand für uns singt tu du's
ja sing uns etwas Dolly Parton

denn dir sieht keiner in die Karten
und dich macht keiner mehr zum Pin-up
und dir nimmt keiner den Gewinn ab
und niemand wacht vor deinem Garten

weil niemand für uns singt tu du's
for even cowboys get the blues
o bitte für uns Dolly Parton
sieh uns: wir warten

Tao downtown

1

so sammelt sie die Münzen auf die sie findet
Nickels und Dimes manchmal einen Quarter

sie liegen in der ganzen Stadt verteilt
sie liegen auf dem Gehsteig hinterm Kiosk
unter der Telefonbox dem Zeitungskasten
zwischen Kaugummis Staub Zigaretten

es sind viele wenn man richtig hinsieht
in sieben Tagen fast ein Dollar
wie die Möwen Abfälle aus den Körben klauben
und auffliegen ins Blau

2

so schiebt er die beiden Einkaufswagen
beladen mit Müllsäcken Schritt für Schritt
den ersten den zweiten dann den ersten

durch den Straßenverkehr von Manhattan
beharrlich um den Block Tag für Tag ein
Heiliger des Tao im Strom der Stadt

den Nacken gebeugt über seine Last
unters sanfte Joch (das sagt sich so leicht)

das Glück in Texas

kein Student in Texas verstand die Schönheit
von Tranströmers Vers das Glück
sei ein sonnenwarmer Stein in der Hand

das Glück ist in Texas ein mondkühler Stein

Buffalo Bill verlässt Weimar

Buffalo Bills Wildwest-Show in Weimar
der Übermensch glänzt als Lassowerfer
mit echten Pferden Kanonen und den
echten Helden den Opfern der Kriege
    ja nach dem Krieg ritten sie *live on stage*
    Wild Bill Hickok Sitting Bull persönlich
    Custer war todeshalber verhindert

bevor Buffalo Bill Weimar verließ
stand er still vorm Nationaltheater
blickte heroisch in die Kamera
wie an Schillers Denkmal in St. Louis
    erzählte wie immer die Geschichte
    How I Killed My First Indian dachte an
    Nutzen und Nachteil der Historie

gut fünfundzwanzig Jahre dauerte
Bill Codys Never-Ending-Tour einmal
lud ihn sogar Oscar Wilde zum Tee ein
er verstand wie wichtig es war Ernst zu sein
    dann ertrank der freie Mann der Prärie
    in faulen Krediten *Show business is*
    not what it used to be schrieb er das war

neunzehnhundertsiebzehn im Finale
kein Schrei kein Gewimmer der Fortschritt ging
als Freilufttheater zu Ende das
Beste was ihm noch passieren konnte

Embankment

and after all, how few days
go to make up a century
Bram Stoker, *Dracula*

das Herz steht still in dieser Morgenkühle
ein Atemzug ein Licht von fremden Meeren
die Dämmerung kommt wie Gezeitenwechsel

wie wenige Tage machen ein Jahrhundert
an diesem Strand ein neues Haus errichten:
wie leicht ist das getan wie rasch zerfallen

ein kurzer Schlaf und eine lange Ruhe
und Trümmer die der Morgennebel deckt

Teebeutel

für Jan Wagner

so aufgedunsen
ausgelaugt und triefend nass
bitter
     und bald kalt

IV
Flussgras

im Gouverneursmuseum

die Stuttgarter Möbel-Manufactur
fertigte im Jahr neunzehnhundertvier
Bett und Schreibtisch für den Gouverneur der
Kaiserlichen Kolonie in Tsingtau

nach der japanischen Besatzung
schrieb der Vorsitzende Mao
ein Pamphlet hier am Stuttgarter Schreibtisch

im letzten Herbst sah ich vom Fenster aus
im Hof die Immobilienmanager
als warteten sie auf den Ausverkauf

dies alles dreht sich (ging mir durch den Kopf)
nur um die Stuttgarter Manufactur
und sag mal wann haben die eigentlich
Pleite gemacht war das im letzten Jahr?

Meerleute

im Südpazifik treibt eine Wolke hin
aus Plastikmüll und größer als Dänemark
im warmen Meer ein bunter Reigen
  langsam rotierend ein stiller Wirbel

ah! welch ein Schauspiel über der Tiefe wie
in alten Sagen oder im Märchenbuch
so weit so ungeheuer oben
  über den Schlössern der Meeresleute

so leicht wie Wolken dauernd wie Plastikmüll
so jung so alt wie Andersens Meerjungfrau
so oft sie aufsehn – die bleibt stehen
  sonnendurchleuchtet am Meereshimmel

Flussgras

als ich auf dem Li-Fluss die Füße vom
Bambusboot ins kühle Wasser tauchte
als ich den Buddhafelsen erblickte
gespiegelt im jadegrünen Wasser
als der Wasserbüffel mir entgegen
schwamm Flussgras kauend wie ich mein Reisbrot

und mir die Verse in den Sinn kamen
vom Lauf des fließenden Wassers und vom
Schwimmen Gottes in Seen und Flüssen

da hatte ich für einen Augenblick
die Kiesbänke vergessen die weiten
Kiesbänke zwischen uns hier im Wasser
und Bambuswald und dem Buddhafelsen
die jedes Jahr weiteren Kiesbänke
den weiten endlosen trockenen Kies

Schlangenberg

1

Wuhan hatte ich mir wenn überhaupt
als ein Nest am Rande der Wüste vorgestellt
mit staubigen Plattenbaufassaden zwischen denen
vergebens angepflanztes Abstandsgrün kümmerte

hier, wusste ich, war Mao Zedong durch den Strom
geschwommen um die Macht zu erhalten um ganz
zum Gott zu werden zum Himmelssohn

acht Millionen Einwohner davon
eine Million Studenten die im Sommer in den großen Seen
schwimmen gehen und zu den Berghängen aufsehen
subtropische Luft

ein Daoistenkloster hochberühmt seinerzeit
Dschingis Khan ließ den Abt holen
begierig auf das Geheimnis ewigen Lebens

ein buddhistischer Tempel samt vegetarischem
Restaurant und hoch über der Stelle an der im Winter
die Schiffe im Yangtse auf Grund zu laufen drohten
das schönste Schifffahrtszeichen das ich je sah: Hier

2

in der Pagode der gelben Kraniche
über der Autobahn gegenüber dem Fernsehturm
hier auf dem Schlangenberg gegenüber dem Schildkrötenhügel

saß Li-Bai der größte der Dichter und sah auf die Landschaft
noch stadtlos nur Kloster und Wälder und Wasser
sah hinaus auf den Hügel die Weite den Strom
der Daoist neben ihm Tintenstein Papier und Pinsel

sein Gedicht konnte er nicht schreiben weil ein vollkommenes
schon auf der Wand zu lesen war in reinster
Kalligraphie vor diesen Versen

verstummte selbst der Vollkommene
man könnte sich ihn als einen zufriedenen
Menschen vorstellen wie er da saß
versunken in den Anblick des Stroms der Schrift

3

er schrieb das Gedicht dann doch noch

außerdem besitzt Wuhan mehrere Stahlwerke

Erleuchtung

Vor wenigen Tagen erhielt der Abt des Klosters von
Laoshan die Ehrenmedaille des Staates für seine
großen Fortschritte in der Erleuchtung
und im Vergessen seines Ich Er
wird es nicht mehr bemerkt
haben dank seiner
Fortschrit
te

die Verschwundenen

die Zen-Meister priesen das Verschwinden
des Menschen (wie ein Gesicht im Sand) man
kann es nachlesen in ihren Schriften

in all den Tempeln die Mao Zedong
vernichten wollte gedenken seiner
die Geldscheine vor den Götterbildern

hinterm Haus des Zöllners löste Laudse
sich auf in die Legende die später
seine Göttlichkeit begründen sollte

die Erinnerung ist ein beharrliches Wesen
über tausend Wolken tausend Bäume und den Strom
trägt ein gelber Kranich den Unsterblichen davon

Yuki

in dem Land das dann Kalifornien hieß
musste der Zauberpriester der Yuki
wenn er eine der alten Geschichten

bis zum Ende erzählt hatte den Kopf
von den Zuhörern wegdrehen und zu
der Geschichte gewandt die nun neben

ihm stand sagen: Es ist getan
sonst wäre die Geschichte nicht wieder
fortgegangen sie wäre über ihn

gekommen wie ein Alptraum hätte
ihn gejagt bis zum Ende und weiter

Es war getan

Drachen

sîne klâwen durh die wolken sint geslagen
Wolfram von Eschenbach

als wollte uns der Himmelsdrache lynchen:
auf weißen Wolken reinen Ätherfluren
ein Prankenschlag von unsichtbaren Klauen
ein Schnauben übermenschlicher Naturen

als lasse er uns neue Welten schauen
ah! welch ein Abschied von den Wolkenfuhren
im Sonnenaufgang nach dem Morgengrauen
die Lichterbündel grelle Abstiegsspuren

tief unter uns das wilde weite Land
das wüste Land wo vage Flüsse blauen
von oben sieht es aus wie Samarkand
jetzt stellen alle eilig ihre Uhren

das Flugzeug dreht noch langsam ein paar Ründchen
dann, leicht verspätet, landen wir in München

Ruhe

zum letzten Verschlag
gelassen trabend
lob ich den Tag
kurz vor dem Abend

keines Menschen Antipode
keine Regel kein Verstoß
keines Liedes Gegenode
tatenarm gedankenlos

nichts dem Widrigen erwidern
bist du müde geh zur Ruh
schläft ein Ding in allen Liedern
da ruhst auch du

Kalligraphie

ein Wolfshaar steckt in jedem
Pinsel des Kalligraphen
umgeben von Hasenhaar

V

Ende der Geschichte

Ptolemäer

das alte Ich ist lahm und taub und blind
erstarrt und unter Glas und wie Schneewittchen,
das neue: zwischen Ich und Mich das Dritte

wir denken etwas andres als wir sind
ein Kreis ein Fächer aus Orangenschnittchen
um eine kleine märchenhafte Mitte

Starker Morgen

heut sieht er gar nicht schlecht aus
heut sieht er fast wie Brecht aus
(in seinen besten Jahren)
er sieht so frisch und frei aus
er sieht ganz wie Karl May aus
(im Land der Skipetaren)

was noch zu tun war ist getan
nun ist er voller Größenwahn
und fühlt sich ozeanisch
noch gestern sah der große Pan
ihn voller Pein und Panik an
am Ende wird er manisch

»Sei's drum! noch heute brech ich auf
lass allen Kräften freien Lauf
und rufe und enthemm sie
ab jetzt bin ich in Überzahl
bin Litaipe bin Brecht und Baal
und bin Kara ben Nemsi«

Geschlechter

sonderbar dass sie wie die Körper altern
sanfte Tiere zwischen den Beinen, folgend
ihrer eignen Witterung ihrem fremden
   eigenen Willen

denn in Wahrheit haben sie keine Namen
nicht die wissenschaftlichen nicht die wilden
die obszön so tun als verrieten sie uns
   flüsternd die Wahrheit

nur einander nehmen sie wahr und lassen
zu dass wir ihren Pfaden gierig folgen
wirklich sonderbar dass sie altern wie ein
   Teil unsrer Körper

Beim Einschlafen

Am Abend lag ich müde im Alkoven
und las noch was von drei Nobelpreisträgern
aus Berkeley oder so, drei wilden Jägern
auf weltalltiefer Pirsch nach Supernoven.

Ein Vorstoß, las ich, wie bei den Warägern
die Suche wolgaaufwärts – ihr Ganoven!
sag ich, schon schläfrig, meint ihr denn, wir Doofen
verstehn euch nicht? die schrägen, immer schrägern

Vergleiche, Bilder, Reime und Metaphern?
Wir sind euch gleich, euch wilden Weltbildprägern,
so überanstrengt, dass auch wir die schlaffern

und schwachen Augen, gleich euch Weltallgaffern
auf eurer Suche nach den fernen Schwägern,
kaum offen halten, nach den Welterschaffern –

Old Glory

am Wegrand im Nebel ein Holzkarren
beladen mit mattgelben Kürbissen
darüber nass an hölzerner Stange
zerschlissen die Flagge im Feld

der letzte Erntewagen the last stand

hier war es hier sind die Köpfe gerollt
hier lagen die Kämpfer erstarrt im Schlamm
im Grenzland von Nord- und Südstaaten
im Nebel bei Eckernförde

ein Karren mit mattgelben Kürbissen

verlassen im Bauernland im Farmland
wie unberührt von wechselnden Zeiten
das Rotweißblau an hölzerner Stange
so tropfnass zwischen Nachtfrost und Nachruhm

Ratschlag für Krabat

mach dich hart das Eis geht
siebenfältig im Mühlgang im Morgengrauen

gradaus und kein Wort mehr geh
klaglos im brüchigen Licht sei

wortbrüchig geh durch die Luft

die Auferstandenen

sie sprechen ja mit uns   die Auferstandenen
sie essen auch Brot und   ein Stück Bratfisch dazu
gehen wohl ein wenig   spazieren über Land
treffen Wanderer die   sich verlaufen haben
sie sind gute Zuhörer   auch wenn sie vom Leben
wohl nicht viel wissen   dem in der Zwischenzeit

sie kommen und gehen   wie es ihnen gefällt
sind mit einem Fuß schon   im Himmel darum darf
man sie nicht anfassen   man erkennt sie gar nicht
verwechselt sie leicht mit   dem Gärtner zum Beispiel
oder dem Fischer dem   Mann von der Müllabfuhr
es könnte jeder sein   ja im Grunde jeder

Asche

am siebzehnten April war der Himmel
nicht mehr von Kondensstreifen zerschnitten
kein Positionslicht störte die Sterne
den ganzen Tag lang war der Himmel blau
über uns wie am Anfang der Dinge

oder wie im Herbst des Mittelalters
im Abendlicht sah ich aus dem Fenster
zwei Hummeln kreisen über dem Kirschbaum
unter dem wieder vereinten Himmel
flogen Krähen in Richtung Landebahn

Ende der Geschichte

Adam und Eva hatten zwei Kinder
beide leider (ein Missgeschick) männlich

einer erschlug den andern blieb allein
so starb die kleine Menschheit wieder aus

eine Frau drei Männer eine kurze
Geschichte (doch an Höhepunkten reich)

WIE EIN NACHTVOGEL

flattert der dunkle Falter auf
an der Haustür
im Augenwinkel

die Dankbarkeit ist größer
als das Erschrecken

In *Kerteminde* auf der dänischen Insel Fünen steht das Haus des Malers Johannes Larsen.

Keplers Grab zitiert die von dem Astronomen selbst verfasste Grabschrift: »Mensus eram coelos, nunc terrae metior umbras. / Mens coelestis erat, corporis umbra iacet.«

Jena Auf dem Schlachtfeld von Jena und Auerstedt markiert der »Napoleonstein« den angeblichen strategischen Aussichtspunkt.

Glenn Beck, mormonischen Bekenntnisses, war der populärste rechtsgerichtete Fernsehmoderator im US-Sender *Fox News.*

Schneekönig Am 20. Januar 2009 wurde Barack Obama als Präsident vereidigt.

Das Glück in Texas bezieht sich auf einen Bericht von Lars Gustafsson.

Buffalo Bill verlässt Weimar »How I Killed My First Indian« hieß eine der Sensationsgeschichten von Buffalo Bill Cody. 1906 trat seine reisende Wildwestshow in Weimar auf.

Schlangenberg Li-Bais Verse über den Blick vom Turm der Gelben Kraniche am Yangtse-Fluss gehören zu den berühmtesten chinesischen Gedichten; darauf bezieht sich auch *Die Verschwundenen.*

Beim Einschlafen Die Zeitungsmeldung »Supernova Hunters Win 2011 Nobel Prize in Physics« beschrieb die Entdeckungen von Saul Perlmutter, Brian Schmidt, Adam Ries.

Old Glory ist der Name der amerikanischen Flagge, die im Bürgerkrieg die Unionsflagge der Nordstaaten war.

Krabat ist der teufelsbündnerische Mühlknappe der sorbischen Sagen.

Inhalt

I im finstern Tal

Kilchberg 7

Kerteminde 8

Linie 82 9

Keplers Grab 10

Graceland 11

Silkeborg 12

Limbus 13

Allerseelen 14

wer so stirbt 15

im finstern Tal 16

II über den Granit

Lemberg 19

Jena 20

Gras 21

über den Granit 22

Holozän 23

Requiem für eine Seekuh 24

Eiswürfel 25

Ulmen 26

nach Kapernaum 27

Vorabend 28

III Buffalo Bill verlässt Weimar

Glenn Beck verlässt Amerika 31

Fox News 32

Schneekönig 33

Sky Walk 34

Anrufung der Sängerin Dolly Parton 35

Tao downtown 36

das Glück in Texas 38

Buffalo Bill verlässt Weimar 39

Embankment 40

Teebeutel 41

IV Flussgras

im Gouverneursmuseum 45

Meerleute 46

Flussgras 47

Schlangenberg 48

Erleuchtung 50

die Verschwundenen 51

Yuki 52

Drachen 53

Ruhe 54

Kalligraphie 55

V Ende der Geschichte

Ptolemäer 59

Starker Morgen 60

Geschlechter 61

Beim Einschlafen.......................... 62

Old Glory................................. 63

Ratschlag für Krabat...................... 64

die Auferstandenen........................ 65

Asche..................................... 66

Ende der Geschichte 67

Wie ein Nachtvogel........................ 68

Bibliografische Information der Deutschen
Nationalbibliothek
Die Deutsche Nationalbibliothek verzeichnet diese
Publikation in der Deutschen Nationalbibliografie;
detaillierte bibliografische Daten sind im Internet über
http://dnb.d-nb.de abrufbar.

© Wallstein Verlag, Göttingen 2012
www.wallstein-verlag.de
Vom Verlag gesetzt aus der Aldus
Umschlaggestaltung: Susanne Gerhards, Düsseldorf, unter
Verwendung der Fotografie »Maison en ruine« © AlexQ –
Fotolia.
Druck: Hubert & Co, Göttingen
ISBN 978-3-8353-1167-1

Heinrich Detering

Wrist

Gedichte

77 S., geb.,
Schutzumschlag
ISBN 978-3-8353-0519-9

*»Detering beherrscht die Kunst,
Schweres leicht und locker zu sagen.«*

Dorothea von Törne, Die Welt

*»Chuck Berry rock zu Rilke. …
Wenn Andacht so kurzweilig ist,
hat sie ihre moderne Form gefunden.«*

Sandra Richter, Frankfurter Allgemeine Zeitung

»… ein kleines Meisterwerk.«

Hans-Herbert Räkel, Süddeutsche Zeitung

www.wallstein-verlag.de